As Leis
da Mente

Marcelo Araújo

2018

Sumário

Introdução

Após alguns anos de estudos sobre a mente considerando várias perspectivas, achei que faltava um livro com um resumo sobre as leis da mente. Há milênios, a humanidade estuda a mente e tenta desvendar os seus segredos. Houve uma dedicação intensa da Filosofia, da Yoga, das Sociedades Secretas, da Hipnose, Psicanálise, Psicologia, Medicina, tendo o seu maior expoente atual nas Neurociências e Física Quântica.

Dessa forma, busco com essa obra fazer um resumo de todas as teorias da mente na forma de leis. É um conhecimento fruto de estudos e observação prática dos seus fundamentos. Todas as pessoas sábias que bem utilizam essas teorias acabam tendo o sucesso em todas as áreas da vida e gozando de mais saúde.

Convido o leitor a sair dos paradigmas científicos atuais e experimentar os novos modelos da Física Quântica, em que o tempo, espaço, energia e localidade são vistos de forma inovadora. Como o conteúdo deste livro tem aspecto prático, você poderá testar as leis em sua vida e verificar se essas teorias são verdadeiras. Tenho a pretensão de que esta obra possa modificar a forma de encarar a vida, trazendo mais bem-estar psíquico, espiritual e físico.

Capítulo I – Lei do Pensamento

O pensamento é uma energia que se materializa

Pergunta: - Como funciona a energia do pensamento?

Resposta: - O pensamento é algo real. Os grandes empreendedores e inventores entendem de forma empírica esse processo. Antes de criar algo, isso tudo já estava presente em sua mente, sendo a materialização um fruto do esforço empreendedor. Essa é uma das leis básicas da mente.

Quem sabe utilizá-la obtém o sucesso em qualquer área da vida. Os bons pensamentos e a força criativa levam à construção, oferecendo a oportunidade dos grandes saltos individuais ou coletivos.

Pergunta: - O que diria sobre os maus pensamentos?

Resposta: - O contrário também é verdadeiro. Os maus pensamentos levam à materialização de coisas ruins: transtornos psíquicos, doenças, miséria, falência e isolamento.

Pergunta: - O que é o pensamento?

Resposta: - O pensamento é uma onda eletromagnética que se propaga pelo universo. Essa energia tem forma e cor, carregando a vibração da energia emocional mobilizada no pensamento. É por isso que as pessoas que possuem fé conseguem os milagres. Nada há de milagres do ponto de vista científico, apenas o pensamento sendo transformado em realidade pela força de vontade do seu gerador.

Somos verdadeiras usinas de energia. Basta monitorar os seus pensamentos e vai verificar que ele condiz com a sua vida atual. Experimente modificar o seu padrão de pensamentos e sentimentos e vai verificar na prática uma revolução completa da sua vida. Isso é resultado de um conjunto de ciências e conhecimento filosófico difundido há milênios pelo mundo.

Pergunta: - Quais as considerações tem a fazer sobre a ciência e o pensamento?

Resposta: - As Neurociências e a Física Quântica representam a chave para a estruturação científica dessa lei. Entretanto, a Filosofia e as Sociedades Secretas já reproduziram esse conhecimento, sempre com resistência por parte da comunidade científica.

Este livro foi escrito não para cientistas, mas para pessoas comuns que buscam entender a mente e aplicar as suas leis de forma prática. Dessa forma, é fundamental passar a fazer esses exercícios, como forma de desenvolver as suas faculdades mentais.

Pergunta: - Gostaria de saber alguma dica prática para controlar a mente por meio dos pensamentos.

Resposta: - Convido o leitor a passar um mês tomando consciência dos seus pensamentos. Se achar interessante, anote os pensamentos repetitivos. Depois disso faça uma conexão com a sua vida atual. Se isso fizer sentido para você, então passe ao próximo passo.

Busque a resolução para todos os pensamentos negativos em sua mente. Transforme-os em pensamentos positivos, de esperança e otimismo. Para ampliar a sua força, crie imagens associadas aos pensamentos. Tenha em mente que você é a usina de energia para a sua vida. A energia positiva se transforma em construção e evolução; a energia negativa gera destruição e estagnação. A escolha é sempre do gerador, que sofre as repercussões da má utilização dessa energia.

Assim, o indivíduo que desejar possuir paz interior, bem estar psicológico, saúde e prosperidade deve obedecer à lei dos pensamentos. Mobilizar a boa energia que se renova e contamina positivamente as pessoas ao redor.

Capítulo II – Lei dos Semelhantes

Semelhante atrai semelhante; semelhante cura semelhante

Pergunta: - Poderia esclarecer o que seria a Lei dos Semelhantes?

Resposta: - Há uma força magnética que atrai mentalmente as pessoas semelhantes. Isso corresponde a um mecanismo evolutivo para aperfeiçoar a nossa espécie.

O outro indivíduo semelhante é como se fosse o espelho que reflete aquilo que somos, permitindo gerar consciência e mudança. Entretanto, pelo mecanismo psicológico da identificação projetiva, essa consciência é rejeitada e o indivíduo acaba atacando o outro, demonstrando os seus sintomas neuróticos. Ou seja, o que se condena no próximo é exatamente a semelhança identificada e ignorada.

Dessa forma, atraímos pessoas com padrões de pensamentos e sentimentos parecidos, como se fosse um ímã. É por isso que aquele dia que começou ruim muitas vezes fica pior, pois foi atraída toda a negatividade pelo princípio da correspondência vibratória.

Ou seja, quando emitimos um pensamento ou emoção estamos conectando os nossos cérebros a determinada frequência, como se fosse um wi-fi. Então atraímos aqueles ambientes que vibram na mesma frequência, como local de trabalho, ambiente de estudo ou de lazer.

Pergunta: - Poderia dar alguns exemplos do funcionamento dessa lei?

Resposta: - Essa é uma tendência natural de nossa mente. Sempre estamos em busca de pessoas parecidas conosco, que gostem de conversar ou fazer as mesmas coisas. Há uma grande dificuldade em conviver com a diferença, como vemos nas guerras virtuais em redes sociais.

É fácil perceber essa lei. Quando estamos vivendo um processo de mudança mental, acaba resultando modificações gerais em nossa vida. Mudança de emprego, de namorado de amigos. Tudo isso sempre reflete aquilo que se está atraindo para a vida.

Convido o leitor a fazer um teste e verificar essa lei na prática. Observe algum ponto em sua vida que está insatisfeito. Seja na vida profissional ou afetiva.

Se estiver relacionado ao trabalho, comece pensando no novo ambiente que deseja atrair. Pense no clima organizacional, nas pessoas, no local desejado. Se estiver pensando em criar um novo negócio, serve a mesma lógica. Imagine todos os detalhes e comece e emitir esse pensamento de maneira repetitiva e com imagens. Você vai perceber que em pouco tempo vai atrair essas novas pessoas para a sua vida.

Se estiver direcionado a relacionamento afetivo ou amigos, utilize o mesmo raciocínio. Pense na nova pessoa que deseja atrair. Projete todos os detalhes das suas características e repita isso mentalmente. Perceberá que em algum tempo novas pessoas serão atraídas para a sua vida.

A forma mais funcional de encarar essa lei é sempre pensar o que está atraindo para a sua vida. Não reclame do que está ruim, apenas pense em modificar o seu padrão emocional e de pensamentos, focando em atrair novas pessoas e oportunidades para a sua vida. A natureza irá se encarregar naturalmente por meio do magnetismo de conectá-lo a esse semelhante, oferecendo uma nova oportunidade de crescimento e desenvolvimento pessoal e da espécie humana.

Capítulo III – Lei da Convivência Social

A mente precisa da convivência social para ter equilíbrio e sanidade

Pergunta: - O que seria a Lei da Convivência Social?

Resposta: - Nossos ancestrais sempre conviveram em grupo, buscando no apoio mútuo uma forma de sobreviver ao meio hostil e enfrentar as forças da natureza. Esse mecanismo evolutivo trouxe a imperiosa necessidade de conviver em grupo para ter equilíbrio e bem estar.

Pergunta: - Como funciona essa Lei?

Resposta: - Nossa mente foi programada para a empatia. Recentemente os neurônios espelho foram descobertos pela Neurociência. Ele é o responsável por nos conectar com as mentes de outras pessoas. Quando temos simpatia por alguém, as mentes ficam conectadas, como se fosse uma rede wi-fi. Sem ter consciência, imitamos os outros e tentamos ser simpáticos, como forma de agradar e ser agradado. Essa correspondência vibratória faz com que estejamos sempre conectados a pessoas semelhantes e com afinidades. Dessa forma, precisamos do outro para expressar os nossos pensamentos e sentimentos, havendo uma intensa troca energética nesse processo. Quem tem mais energia doa para quem tem menos e assim fica garantido o equilíbrio entre as pessoas.

Pergunta: - Quais as consequências do isolamento social?

Resposta: - O isolamento social é tão prejudicial quanto o fumo, a má alimentação e a falta de atividade física. Representa um risco à saúde mental e física. Um indivíduo em isolamento está fadado a ter transtornos como a depressão e a ansiedade. A mente humana não foi programada para o isolamento. Por isso é comum em casais de idosos a morte logo após o falecimento do cônjuge. Isso acontece por conta da depressão provocada pelo isolamento.

Essa é a maior causa de depressão entre os idosos, pois se perde o contato com os amigos, há a morte de muitas pessoas de sua geração e normalmente a família é pouco presente. Além disso, o ócio mental da aposentadoria faz piorar esse quadro, já que se perde a rotina e o contato com os colegas de trabalho.

Pergunta: - Qual o conselho você daria a alguém hoje isolado socialmente?

Resposta: - Que busque a presença de outras pessoas. Pode começar entrando em alguma instituição de convivência ou de caridade. Pode ser um clube, uma ONG, academia, um centro religioso, grupo de viagem ou locais de dança. O importante é se reconectar com outras pessoas, fazer amigos e companheiros de jornada. Apenas essa convivência e a disposição de se voltar ao próximo e principalmente ajudar vai fazer com que a alegria pela vida volte e o indivíduo se sinta mais motivado para as atividades.

É fundamental estar com pessoas que amamos ou se colocando em ação por meio da caridade. Há um verdadeiro contágio emocional e grande troca energética, fazendo com que se entre em

contato com a essência humana de se viver
em comunidade.

Capítulo IV – Lei da Regressão de Memória

Toda vez que for dada uma ordem à mente inconsciente ela poderá voltar no tempo e acessar as memórias essenciais de uma vida

Pergunta: - O que é a regressão de memória?

Resposta: - É a capacidade da mente de acessar as experiências do passado de forma clara, revivenciando os acontecimentos com os mesmos sentimentos. É como se pudesse ver a sua vida em uma tela como um filme.

Pergunta: - Como funciona essa regressão?

Resposta: - Ao indicar a mente algum ponto na linha do tempo do indivíduo ou ao evocar memórias associadas ao passado, há a possibilidade de acessar essas memórias. Elas estão sempre disponíveis. Ela pode ser acessada com técnicas de auto-hipnose ou por profissionais experientes na área.

Pergunta: - Quais são as técnicas que poderiam ser utilizadas com esse objetivo?

Resposta: - Uma das técnicas consiste em fechar os olhos e imaginar uma linha do tempo no chão. Pensar que a cada passo dado para trás, será possível voltar no tempo e acessar uma idade específica. Por exemplo: "a cada passo dado atrás, volto um ano ao passado". Esse um ano pode ser substituído por dez anos ou por períodos da vida, como infância ou adolescência. Essa técnica também pode ser feita deitado e imaginando em cima de uma linha do tempo. Recomendo se imaginar em uma praia e formar a linha do tempo no chão, utilizando a mesma lógica.

Outra técnica consiste em pesquisar as raízes de determinadas crenças, traumas ou pensamentos repetitivos que se tornam padrão. Por exemplo: "não sou competente"; "tenho medo de falar em público"; "não confio nas pessoas". Basta deitar, fechar os olhos e repetir esse pensamento, esperando aparecer a imagem associada. A mente inconsciente irá sempre mostrar as raízes e as experiências que resultaram no padrão de pensamento ou de comportamento. Essa técnica é terapêutica em si. O ideal é que ela seja aplicada com a ajuda de um psicoterapeuta.

A Hipnose se utiliza dessas técnicas há muitos anos, acessando conteúdos profundos da mente inconsciente. É possível dar um salto quântico e acessar memórias de vidas passadas ou do inconsciente coletivo. Isso deve ser feito sempre com finalidade terapêutica, de forma a não causar transtornos psíquicos.

Pergunta: - O tema de vidas passadas é controverso. O que poderia dizer aos leitores que não acreditam nessa possibilidade.

Resposta: - Acreditar ou não é sempre um ponto de vista pessoal ou uma questão de fé. A busca do conhecimento deve ser maior do que a vaidade do ego. Ao buscar apoio na ciência, iremos verificar que a física quântica já tem explicações satisfatórias para as vidas passadas, como mostra o respeitado físico Amit Goswami. Há estudos científicos profundos com milhares de casos catalogados na Universidade da Virgínia, liderados pelo Dr. Ian Stevenson, com crianças que lembram de vidas passadas. Dessa forma, há diversos artigos e obras sérias que estudam os temas e podem satisfazer a necessidade de conhecimento sobre o tema. O que posso afirmar é que se trata de uma faculdade da mente acessar memórias que ultrapassam o tempo e o espaço, exatamente de acordo com os novos pressupostos da Física Quântica. A mente atua de forma não-local e na forma de energia. Os profissionais que trabalham com a mente estão acostumados com esse fenômeno, o que naturalmente causa dúvidas nos leigos ou céticos a respeito do tema.

A regressão de memória é uma lei da mente. No futuro a ciência irá explorar esses fenômenos, conseguindo achar as causas e as curas de diversos transtornos psicológicos e doenças físicas.

Capítulo V – Lei da Projeção de Futuro

Toda vez que for dada uma ordem à mente inconsciente ela poderá dar um salto quântico e fazer uma projeção ao futuro

Pergunta: - A mente tem a capacidade de prever o futuro?

Resposta: - Sim. Com base na experiência de vida e toda a sabedoria acumulada, a mente inconsciente consegue entender o que foi feito e o qual o caminho estamos a seguir no momento, permitindo que se projete em algum momento no futuro.

Pergunta: - Poderia dar algum exemplo para melhorar a compreensão?

Resposta: - É como se estivesse dentro de um carro em uma estrada. Imagine que outra pessoa esteja em um helicóptero, olhando de cima e tendo a visão privilegiada de todo o trajeto. Pela estrada escolhida e toda a experiência do caminho percorrido, é possível ao indivíduo que está na aeronave saber com boa probabilidade de acerto que acontecerá no restante da viagem. No exemplo, é como se a mente inconsciente fosse o helicóptero.

Pergunta: - Como podemos ver o futuro?

Resposta: - Através de imagens mentais. A física quântica nos mostra a possibilidade saltos quânticos, fazendo com que possamos ser transportados ao futuro. Dessa forma, ao fecharmos os olhos podemos projetar a mente ao futuro. A nossa mente inconsciente mostrará os fatos mais prováveis de acontecer, dando também um alerta sobre possíveis caminhos equivocados. A sabedoria da mente inconsciente é muito maior do que imaginamos. Nela temos todo o aprendizado adquirido e as memórias emocionais. A intuição é exatamente um aviso da mente inconsciente de acordo com essa bagagem adquirida e a possibilidade de se conectar a esses acontecimentos futuros.

Pergunta: - Qual técnica poderia ensinar com o objetivo de visualizar o futuro?

Resposta: - Você poderá fechar os olhos em pé e dar a voz de comando à sua mente que cada passo dado para frente você vai se projetar "x" anos à frente. Por exemplo: "A cada passo que eu der para frente, a minha mente será projetada em um ano". Outra forma é fazer isso deitado. Poderá imaginar uma linha do tempo no chão de uma praia e dar o mesmo comando mentalmente, imaginando-se dando os passos para frente. É só relaxar e esperar um pouco e as imagens surgirão em sua mente.

Ressalto que se trata sempre de uma possibilidade, pois tudo dependerá do que fazemos no presente tendo naturalmente consequências no futuro. Por exemplo, posso me ver em um cargo de direção na empresa onde trabalho, porém há a possibilidade de eu pedir demissão, fazendo com que a projeção não se cumpra. Ou seja, é uma imagem relativa às condições até o momento atual.

Podemos ainda determinar esse futuro, criando as imagens desejadas. Ao repetir essas imagens de forma constante, a mente inconsciente irá trabalhar intensamente para transformar a projeção em realidade.

Capítulo VI – Lei da Memória Emocional

A memória emocional é conservada e sempre poderá ser acessada

Pergunta: - Como funciona a memória?

Resposta: - A nossa mente possui dois sistemas de memória. O primeiro está associado a toda a bagagem de conhecimento acumulada pelo intelecto e experiências. Já o segundo está ligado ao conjunto de memórias emocionais acumuladas durante a vida atual e dos nossos ancestrais, sendo passadas geneticamente.

Pergunta: - É a memória emocional responsável pelos traumas?

Resposta: - Exatamente. Todas as experiências emocionais boas ou ruins são registradas e jamais serão apagadas. O trauma é uma experiência negativa, que serve para gerar aprendizado e desenvolvimento, fazendo com que gere um forte alerta para garantir a sobrevivência. Por exemplo, ao ver uma cobra inconscientemente já temos medo, pois está presente em nossa memória emocional o perigo desse animal.

Esse sistema de memória funciona por associação. Todas as vezes que entramos em contato com estímulos vagamente semelhantes ativamos as mesmas emoções. Imagine o exemplo de alguém que terminou o namoro contra a sua vontade. Ao sentir o mesmo perfume da pessoa amada isso remete por associação à lembrança do acontecido, podendo trazer o sentimento de tristeza.

Pergunta: - Como é possível acessar essas memórias?

Resposta: - Isso de preferência deve ser realizado durante um processo terapêutico. Seja por meio da hipnoterapia ou psicanálise. Haverá então condições adequadas no sentido de ressignificar essas experiências e memórias emotivas.

Pode ser utilizada a técnica de regressão vista no capítulo IV. Basta fechar os olhos repetindo o sentimento associado e deixar que as imagens apareçam em sua mente. Sempre essas memórias serão trazidas por imagens mentais, já que a mente inconsciente não é verbal. Os conteúdos trazidos colocam o indivíduo para reviver as experiências, sentindo as mesmas emoções. Depois há um grande alívio por colocar para fora a carga reprimida. A Psicanálise tem esse conceito de cura como base.

Entretanto, é preciso modificar a interpretação da experiência traumática, de forma a gerar sentido e novo significado que traga aprendizado. Em uma vivência negativa, sempre há o que se acrescentar ao nosso conhecimento, podendo identificar as falhas dos outros e principalmente as próprias, gerando o desenvolvimento e evolução da espécie. Como diz a música "Tocando em frente" de Almir Sater e Renato Teixeira:

> "Ando devagar
>
> Porque já tive pressa
>
> E Levo esse sorriso
>
> Porque já chorei demais (...)"

Capítulo VII – Lei do Aprendizado

Toda a experiência da mente tem como objetivo gerar aprendizado individual e coletivo

Pergunta: - Como funciona e Lei do aprendizado?

Resposta: - Ela é resultante de toda a experiência intelectual, emocional e social vivenciada, gerando o desenvolvimento das nossas múltiplas inteligências. Tudo o que fazemos tem como objetivo tornar os seres humanos mais sábios e mais amorosos. Os dramas e as dores humanas fazem parte de uma incompreensão dessa lei, o que traz enorme negatividade para a vida. O sábio é aquele que busca sempre tirar as boas lições das suas experiências do passado bem como das dos outros, visando não repetir os mesmos erros.

Pergunta: - Qual seria essa negatividade trazida pela incompreensão da Lei?

Resposta: - A nossa mente pode funcionar de duas maneiras. O padrão pode ser negativo ou positivo.

No padrão negativo, o indivíduo tem como foco o sofrimento, a autopiedade e a vitimização. Ele nunca é o responsável pelos seus atos e culpa sempre os outros ou a própria vida pelo seu sofrimento. Essa forma de interpretar os acontecimentos impede de colocar a mente para funcionar de maneira harmônica, pois está indo contra a Lei do Aprendizado.

Já no padrão positivo, todo acontecimento é uma oportunidade de gerar novos conhecimentos e experiências acumuladas. Tudo é visto como um processo complexo de aprendizado. Isso alimenta a esperança e coloca a mente totalmente focada na resolução dos problemas e na evolução.

Capítulo VIII – Lei do Retorno

Todos os pensamentos e ações retornam ao indivíduo ou coletividade que os gerou, promovendo o aprendizado

Pergunta: - Como funciona a Lei do Retorno?

Resposta: - Tudo o que fazemos naturalmente fica registrado na memória, gerando um campo vibratório energético correspondente. Isso faz com que se atraiam as pessoas de vibração parecida, gerando naturalmente o retorno pelas ações.

Pergunta: - Poderia dar um exemplo disso?

Resposta: - Imagine um indivíduo que matou alguém. Essa memória emocional está registrada de maneira muito forte em sua mente. Pela Lei dos Semelhantes, isso faz com que mentes de padrões inconscientes semelhantes sejam atraídas, podendo gerar naturalmente conflitos e situações violentas. Ao viver com pessoas e situações parecidas com as memórias do passado, nos identificamos e há a oportunidade de gerar autoconhecimento.

Em outro exemplo, é natural que um chefe tirano em algum momento da sua vida acabe atraindo um superior com o mesmo perfil psicológico. Então, pela Lei do Retorno, ele terá a oportunidade de vivenciar a experiência de ser tratado como trata os outros, olhando-se no espelho.

Esse atrito da vida gera uma oportunidade de desenvolvimento humano.

Pergunta: - Então não há vítimas?

Resposta: - Não. As Leis da Mente não geram vítimas, mas pessoas dotadas de um poder energético incrível e em constante evolução. A Lei do Retorno é uma simples correspondência de frequência vibratória. Ao modificar o padrão mental por meio das experiências, naturalmente passamos a atrair outras coisas para a nossa vida. Foi esse o sentido da frase dita pelo Mestre Jesus: "A semeadura é livre, mas a colheita é obrigatória". Dessa forma, se vibramos em memórias e pensamentos de raiva ou medo, nós iremos atrair pessoas e acontecimentos nesse mesmo padrão mental. Entretanto, ao vibrar no amor, fazendo o bem ao próximo e a si mesmo, naturalmente iremos entrar em harmonia com a vida, atraindo boas pessoas e bons acontecimentos, tendo uma vida mais saudável mentalmente e naturalmente mais feliz.

Capítulo IX – Lei da Utilidade

A mente sempre busca resolver os problemas com base no que for mais útil à conservação e evolução da existência

Pergunta: - O que tem a dizer sobre a Lei da Utilidade?

Resposta: - A Lei da Utilidade está relacionada com o fato de que a mente só conserva as memórias úteis para a nossa existência. Ao longo do tempo a mente vai fazendo uma limpeza, apagando todo o conhecimento inútil ou não mais utilizado. Isso naturalmente faz com que se tenha mais espaço para aprender coisas novas e e que ajudem na existência.

Pergunta: - Como as pessoas costumam contrariar essa Lei da mente?

Resposta: - Todas as vezes que perdem tempo ou fazem algo inútil a si e ao próximo. Por exemplo, a sociedade consumista atual prega o excesso de coisas. Isso faz com que os indivíduos associem fazer compras no shopping ao bem estar. Isso até ativa as áreas de recompensa do cérebro. Entretanto, como normalmente se compra ou se está em busca de mais do que o necessário, a nossa mente inconsciente avisa que algo está errado e que estamos indo contra a Lei da Utilidade, pois o excesso de um poderia compensar a falta do outro, gerando mais benefícios à sociedade e às relações humanas. Por isso há tantos casos de depressão principalmente nas famílias mais ricas, associadas justamente à falta de sintonia com essa lei mental.

Pergunta: - Qual seria a sugestão para estar em harmonia com a Lei da Utilidade?

Resposta: - A sugestão seria direcionar a utilização da mente para as coisas realmente úteis ao bem comum. Pode ser cultivando os bons pensamentos, o trabalho digno, a conversa agradável, o estudo ou aprendizado de algo novo, o exercício da caridade, a meditação, o descanso ou o lazer. Ou seja, tudo o que possa servir para tornar a sociedade mais humana, mais próspera, mais bela, mais agradável e mais feliz.

Capítulo X – Lei da Comunicação

As mentes se conectam energeticamente, podendo se comunicar através dos pensamentos por meio da telepatia

Pergunta: - Poderia explicar a Lei da Comunicação?

Resposta: - Como já foi explicitado nesta obra, a mente tem a capacidade de se conectar com outras mentes, como se fosse um wi-fi. Quando estão em sintonia, as mentes estão vibrando na mesma frequência cerebral, podendo estabelecer uma comunicação consciente e inconsciente, influenciando inclusive as emoções.

Pergunta: - E a Telepatia?

Resposta: - A telepatia acontece exatamente no momento em que as duas mentes estão conectadas, independentemente da distância física. Dessa forma, a comunicação chega de forma intuitiva, como se fosse o próprio pensamento. Essa é a razão pela qual muitas vezes se pensa em um amigo e logo em seguida ele liga ou envia uma mensagem. Trata-se, então, de uma faculdade de nossa mente ainda pouco explorada. Naturalmente, com o passar dos séculos essa capacidade será exercitada e o nosso cérebro irá se desenvolver de forma a não mais necessitar da linguagem falada, sendo possível transmitir de forma rápida os seus pensamentos.

A mente é não-local e pode se comunicar fora do tempo e do espaço. Convido o leitor a fazer um teste com as pessoas mais próximas. Visualize a imagem de uma pessoa de sua convivência. Em seguida diga mentalmente que precisa falar com ela, pedindo que entre em contato. Em total concentração e de olhos fechados, faça isso por 5 minutos e espere o resultado.

Por se tratar de uma potencialidade mental, é necessário o treino e a repetição. Com o tempo se desenvolve essa capacidade intuitiva, tornando-se algo natural. Lembro que é preciso que as duas pessoas estejam na mesma frequência mental ou terem uma convivência próxima.

A Lei da comunicação, portanto, faz com que nossas mentes estejam o tempo todo se comunicando de forma consciente e inconsciente, não existindo acaso. Tudo o que acontece é resultante da nossa comunicação com as outras mentes, para o bem e para o mal. É fundamental controlar os pensamentos de forma a influenciar os outros positivamente, transmitindo boas vibrações e melhorando a harmonia planetária. Essa consciência faz aumentar a responsabilidade de todos por seus pensamentos, já que estamos influenciando pessoas conhecidas e desconhecidas a todo o momento, enviando e recebendo pensamentos e energias.

Capítulo XI – Lei do Bem

A mente atinge ao equilíbrio quando consegue fazer o bem a si e ao seu próximo

Pergunta: - Como funciona a Lei do Bem?

Resposta: - A nossa mente evoluiu a longo de milhões de anos para colaborar com o próximo e com a natureza. Fazer o bem, portanto, é a forma mais adaptativa de sobreviver em comunidade. Trata-se da fluidez natural do funcionamento da mente.

Pergunta: - E quando agimos no mal?

Resposta: - Ao contrariar a Lei do Bem, geramos sentimento de culpa inconsciente, o que leva a doenças, transtornos psíquicos e dificuldades de convivência social. Podemos tentar trapacear e manipular os outros, mas nunca se consegue enganar a própria mente inconsciente, responsável por nossos modelos éticos e morais mais profundos. Ao agir no mal, contrariamos a natureza, fazendo adoecer a mente e o corpo.

Pergunta: - Então a Lei do Bem está relacionada à felicidade?

Resposta: - A felicidade é proporcional ao bem que se faz a si e ao seu próximo. Vibrar no bem é estar em sintonia com a natureza, fazendo melhorar a nossa genética e a harmonia social.

Pergunta: - O bem então é a solução para quem é infeliz?

Resposta: - Sem dúvida. Quem dedica a sua vida a fazer o bem não tem depressão e goza de bem estar físico. Naturalmente atrai mais pessoas boas para a sua vida, encontrando a paz interior.

Capítulo XII – Lei do amor

A sanidade mental é o amor

Pergunta: - Muitos sábios e poetas já falaram sobre o amor. Qual a relação do amor com a mente?

Resposta: - O desenvolvimento da mente depende do afeto. Isso se inicia na concepção. O feto evolui e se desenvolve de maneira plena com as vibrações de amor vindas da mãe. Quando sentimentos de raiva, ansiedade e medo tomam conta, acarreta em prejuízos na formação cerebral, gerando futuros distúrbios psicológicos.

Ao nascer, para evoluir bem o bebê precisa ser amamentado carinhosamente e receber o amor dos seus familiares para o bom desenvolvimento. Isso acontece durante toda a vida

A sanidade mental é, então, proporcional ao amor recebido durante todo o período de desenvolvimento cerebral, indo até os 25 anos.

Todas as boas relações humanas dependem do afeto. Todos se sentem bem ao receber carinho e atenção. É a Lei básica da mente e da natureza. Vibrar mentalmente no amor faz com que se tenha uma vida mais agradável com os outros e traz para si uma grande satisfação.

Foi por isso que o Mestre Jesus resumiu todas as leis na frase: "Amar a Deus sobre todas as coisas e ao próximo como a ti mesmo".

Conclusão

A mente tem potencialidades ainda desconhecidas. Tentei trazer nesta obra os principais conhecimentos que tive acesso a cerca do nosso poder mental. Busquei oferecer sugestões sobre como utilizar toda essa energia para a felicidade, de forma a contribuir com a harmonia do próximo e com um planeta mais solidário.

Não há limitações nem distâncias para a nossa mente. Tudo está sempre ao alcance dos nossos pensamentos e dos nobres objetivos. Ao fazer o bem e vibrar no amor todas as portas serão abertas.

Convido o leitor a abrir essas portas da mente, visando o pleno desenvolvimento da inteligência emocional e social. Esse caminho para o desenvolvimento do poder mental pode ser resumido com a frase do

Mestre: "Conhecereis a verdade e ela vos libertará".

Referências

I. Araújo, Marcelo (2017): Auto-hipnose e a Neurociência;

II. Araújo, Marcelo (2017): Hipnose Clínica e a Neurociência: O novo inconsciente e o resgate da Neuroipnose como psicoterapia científica;

III. Araújo, Marcelo (2017): Psicanálise e a Neurociência: Neuropsicanálise e o Novo Inconsciente;

IV. Baker, Mark W. (2002): Jesus, o maior psicólogo que já existiu;

V. Besant, Annie Wood (2008): Formas de Pensamento

VI. Goswami, Amit (2015): A Física da Alma: a explicação científica para a reencarnação, a imortalidade e as experiências de quase morte;

VII.   Goswami, Amit (2004): O Médico Quântico: Orientações de um físico para a saúde e a cura;

VIII.   Keppe, Norberto R. (1996): A Nova Física da Metafísica Desinvertida;

IX.   Leadbeater, C.W. (2009): O Homem Visível e Invisível: um estudo dos diferentes tipos de aura vistas por meio de um clarividente;

X.   Stevenson, Ian (2011): Crianças que se lembram de vidas passadas;

XI.   Tucker, Jim B. (2005): Vida antes da vida: uma pesquisa científica das lembranças que as crianças tem de vidas passadas